स्वाती

पैदाइश बिहार में हुई और स्कूली शिक्षा वहीं से हुई और फिर अच्छी शिक्षा के लिए दिल्ली जाना हुआ। दिल्ली विश्वविद्यालय और जवाहरलाल नेहरू विश्वविद्यालय की इस यात्रा ने मौजूदा स्वाती को बनाने में बड़ी भूमिका निभाई। नौकरी के लिए दिल्ली छूट गई। फिर चेन्नई, चंडीगढ़ होते हुए अभी भोपाल में रहवास है जहां बैंक ऑफ़ बड़ौदा में कार्यरत।

शहरों और लोगों के छूटने, जुड़ने में कुछ लिखना चलता रहा। अलग-अलग पत्रिकाओं, संपादित पुस्तकों (वर्तमान साहित्य, समकालीन भारतीय साहित्य, अनुवाद, जनपथ, अहा ज़िंदगी, संवदिया, राजभाषा भारती, योजना, स्त्री साहित्य का सौंदर्यशास्त्र, दृष्टिकोण आदि) में कविताएं, रचनात्मक व विचारात्मक आलेख, समीक्षा व अनुवाद प्रकाशित होते रहे। किताब की शक्ल में यह पहली किताब होगी। इससे पहले पंचतंत्र की कहानियों का मैथिली अनुवाद प्रकाशन विभाग से प्रकाशित।

यह कहना गलत न होगा कि कई जगहों पर लिखने ने बचाया है और कुछ लोग हैं जिन्होंने इस 'लिखने' और मेरे 'होने' को बचाया है। कोशिश और ख़्वाहिश यही है कि यह कुनबा बना रहे और बढ़ता रहे और नेह और साहस के साथ हम सब अपने साथ इस दुनिया को सुंदर बनाते रहें।

संपर्क : seekerswati@gmail.com

जीवन एक अधूरी किताब है

स्वाती

प्रथम संस्करण: 2023

ISBN: 979-8-89002-856-3

मूल्य: ₹ 150/-

प्रकाशक: प्रतिबिम्ब, नोशन प्रेस का उपक्रम
संपर्क: नोशन प्रेस,
7, मांटिएथ रोड
एग्मोरे, चेन्नई, तमिलनाडु — 600008

Jeewan Ek Adhoori Kitaab Hai
Poems by Swati

अनुक्रम

जीवन एक अधूरी किताब है

अवसान
हर चीज़ का होता है
जैसे दिन का अवसान
रात होता है
और रंग डूबते हैं जब
उदासी बन जाते हैं तब

रास्तों पर चलते
हमारे सफ़र का अवसान
कभी मंज़िल होता है
कभी
भटक कर पाई कोई नई राह

कोई अवसान कभी
खिलखिलाती खुशी में उदित होता है
तो डूबता है कभी
रेतीली शाम की तरह
जीवन का भी होता है अवसान
पर हर दफा यह अवसान
मृत्यु ही नहीं होता
सूरज अस्त हो सकता है
पर जीवन डूबता नहीं है

बीतता है जब कोई पन्ना
सूखे पीले पत्ते की तरह

फिर कोई पन्ना खुलता है
रचे जाने को तैयार

जीवन एक अधूरी किताब है...

बची रहेगी वह एक सवाल की तरह

अच्छी लड़की गाय सी होती है यहाँ
जिसकी इच्छाओं को रोकना धर्म है इस समाज का

कोई उससे कभी नहीं पूछता कि
क्या उसे अच्छा लगता है इस तरह अच्छी लड़की होना

उसे समंदर हो जाना पसंद था
पर घर का आब बचाने की जिम्मेदारी में झोंक दिया गया
उसे गढ़ने थे अपने सिद्धांत स्वयं
पर वह देती रही हिसाब घर लौटने के समयों का
उसे सपने देखने थे
पर वह अपनी नींद सो ही न सकी कभी

उसे देह भर समझने वाले इस समाज ने
हमेशा किया तिरस्कार
उसकी देह का

अपने ज्ञान के दंभ में डूबे
इस समाज ने
कभी नहीं पढ़ा उसका मन!

पैर समेट बैठना सिखाने वाले इस समाज की
सारी नाथनाओं को तोड़ चुकी है आज वह

क्योंकि उसे गाय नहीं होना था
उसे हर वो चीज़ होना था
जिसे होने से रोका गया था उसे

वह तलाश करेगी अपना होना

इस भद्र समाज में
वह
एक सवाल की तरह
बनी रहेगी
बची रहेगी!

एक ऐसे समय में

एक ऐसे समय में
जहां फैलाई जा रही हो नफ़रत
किसी अभियान की तरह
करना चाहती हूँ प्रेम टूटकर

एक ऐसे समय में
जहां पहले से ही
तय कर दिए गए हों जवाब
करना चाहती हूँ सवाल
बिना किसी डर के

एक ऐसे समय में
जहां सब कुछ किया जा रहा हो
प्रतिबंधित
मैं बचाना चाहती हूँ
अपने होने को हर हाल में

एक ऐसे समय में
जहां की जा रही हो हत्या
अभिव्यक्ति की
मैं अपनी आवाज़
कुछ और बुलंद करना चाहती हूँ

एक ऐसे समय में
जहां कुछ पाने के लिए

कर लिया जाए स्वीकार
खुद तक को खोना

जहां विकास के झूठे पायदानों पर चढ़ने को
ताक पर रख दी गयी हो मनुष्यता

मैं तैयार हूँ
सबकुछ खोने को
बचाने के लिए
अपने भीतर के उस कोने को
जहां ज़िंदा है
इंसानियत अब तलक।

प्रेम और गुलाबी रंग

मुझे परहेज़ है
गुलाबी रंग से

जी नहीं, मुझे प्रेम से कतई परहेज़ नहीं है
परहेज़ है
सीमित कर दी गई
प्रेम की परिभाषाओं से

प्रेम
मेरे लिए आसमानी भी हो जाता है
तो जामुनी भी हो जाता है
मेरा प्रेम

मुझे प्रेम है सांवले रंग से उतना ही
जितना लुभाता है क्रांति वाला लाल रंग

वैसे भी, प्रेम क्रांति तो है ही।

उस रोज़
जब तुमने गुलाबी कमीज़ पहनी थी
एक नया रंग
पहना था मेरे प्रेम ने

सीमाएं स्वीकार नहीं इसे
अपने रंग खुद ही बुनता है
यह प्रेम।

इन दिनों

इन दिनों
बार बार
गुज़रती हूँ
बीते समय के गलियारों से
पहचान की तलाश में

पर भीड़ भरे इस शहर में
मैं बस एक शक्ल
बनकर रह गई हूँ।

टाला गया 'निर्णय'

काश
ज़िंदगी
बस का वही सफ़र होती
जिसमें आसान था
बड़े से बड़ा निर्णय लेना

चंद घंटों का वह सफ़र
जो भरा था भरोसे से
जिसके बने रहने की उम्मीद में
टाला गया था इक 'निर्णय'

'निर्णय'
जो फिर कभी लिया न जा सका
अखरता है वह 'टलना'

कितना कुछ बदल गया है
उस भरोसे के साथ

वह उछलती कूदती लड़की
तब्दील हो चुकी है
एक शांत उदास इमारत में
जहां इच्छाओं की हलचल नहीं होती
चेहरे पर जिसके
आ गई है
अनगिन झुर्रियाँ

स्मृतियाँ बीनती, बटोरती
वह लड़की
फिर से चल पड़ी है
उसी शहर
जिसका नाम तक बदल गया है
जहां किए गए थे स्थगित
कई सारे ख़्वाब।

किसका इंतज़ार कर रही हूं...

मैं किसका इंतज़ार कर रही हूं
इंतज़ार,
जिसका जामुनी रंग
गहराता जा रहा है
और मेरे रंगों की पोटली से
एक रंग कम होता जा रहा हो जैसे...

इंतज़ार,
जो कभी खुशी लिए उतावलापन था
उदास हो सिकुड़ता जा रहा है हर दिन
और कम करता जा रहा है
जगह मेरी उम्मीदों की...

याद आती है
पूजा में तल्लीन ईया की छवि
और उन भव्यताओं से ऊबती मेरी आस्था
जिसे मोड़ दिया हो
किसी ने
अचानक से भयानक अनास्था की ओर...

इंतज़ार
गुम होते रंगों के बीच
उदास उम्मीदों के बीच
अनास्थाओं की गढ़ावट के बीच भी
मैं किसका इंतज़ार कर रही हूं...

तुम आना

मैंने कभी नहीं चाहा
कि तुम मेरे सूरज बनो
और हर लो
अधियारे सभी

अन्हार और मेरा नाता
पुराना है बहुत
इतना कि नहीं आता याद
उजास से मीठी मुलाक़ात का कोई किस्सा

तुम आना
तो जुगनुओं की रोशनी बन कर आना
जिसे न हो ऐतराज़ कोई
मेरे जीवन में बिखरे अंधेरों से

तुम आना तो हरसिंगार बन कर आना
और खिल जाना मेरे अँधेरों में
ऊसर ज़मीन पर मेरी बिखर जाना खुशबू बन कर

बन जाना वह गीत
जिसमें सिर्फ उजास का ही जश्न न हो,
देना आवाज़ कभी
मेरे डूबते मन को भी

हम सपनों की खुशबू बिखेरेंगे
रोशनियों से महरूम ज़िंदगानी में
शब्द बन आवाज़ देंगे
मन की वीरानियों को

तुम आना कभी...

हमारे बीच का अंतराल

हमारे बीच
समय का बहुत बड़ा अंतराल था

अंतराल
जिसे हमने
नापा था
अलग अलग रेतीली राहों पर चलकर

दिल्ली के तपीले दिनों में
भीड़ से खचाखच भरी डीटीसी की पीली बसों में
हमने पहाड़ों का खाब देखा था

सुदूर समुन्दर में
भीगने का किस्सा
मैरून ख़यालों से चलकर
हकीकत में आया था

ऐसी ही हकीकतों ने
जन्मा था
किसी नीले ख़्वाब को

ख़्वाब
जो मुलायम था इतना
बिखर जाए कभी भी

आज
बस समय है
दस
बारह
बीस

ये बीस बरस
चालीस भी तो हो सकते थे...

पर
अब
बस अंतराल है
गुज़रे समय से भी लंबा

दस
बारह
बीस
जैसी गिनतियों से कहीं बड़ा
अंतराल।

मैं उस पूरे जीवन को जीना चाहती हूं

इस भागती हांफती दुनिया में
ठहरना चाहती हूं कुछ पल

कॉफ़ी के मुश्किल मुश्किल नामों के बीच
लेना चाहती हूं चुस्कियां चाय की अदरक वाली

शोर के पीछे दीवानी हुई दुनिया में
गुनगुनाना चाहती हूं
अपनी बेसुरी आवाज़ में
मन्ना डे और हेमंत कुमार के गाने

जहां सब लोग
फरटिदार अंग्रेज़ी के पीछे बावले हुए जा रहे हों
मैं बतियाना चाहती हूं अपनी बोली

इंस्टैंट नहीं चाहिए
कुछ भी
न नूडल्स
न कॉफ़ी
न प्यार

मैं लिखना चाहती हूं
बहुत इत्मीनान से
एक बड़ी कहानी
जिसमें शामिल हो

एक पूरा जीवन
तुम्हारे साथ

बारिशों वाली शाम
सर्दियों वाली लंबी रात
और हो लू से लिपटा एक पूरा दिन

मैं उस पूरे जीवन को जीना चाहती हूं।

डर

मुझे डर लगता है
कि मेरे लफ्ज़
खो न दें मानी
तुम तक पहुँचते पहुँचते

सफ़र थोड़ा लंबा है न
मुझ से
तुम तक का।

पता अपने गांव का

जाने कहां चली आई हूं
नहीं मिलता पता
अपने गांव का

घर के दुआर पर
वह जो कुंआ था
सूखने लगा है

कहते हैं
काका
जो इक सुबह
यूं ही चले गए थे कहीं
बड़े प्रतापी थे
पढ़ना आता था
भविष्य उन्हें

पर यह कुंआ क्यों सूख गया है
हंसती नहीं क्यों यहां की औरतें अब

तपने लगा है
वह आंगन
जहां दादी ने सुनाए थे किस्से
अमरूद के पत्ते की हवाओं के बीच

कहां गया
वह पेड़
पीले कनैल वाला
जिसके फूलों से सीखा था
पहली दफे
उंगलियों में नेल पॉलिश लगाना

ढूंढ़ नहीं पाती
पता अपने गांव का
जाने कहां चली आई हूं।

समय का पुल

समय के पुल पर
चल कर आने वाले
किसी दिन
गुज़र जाते हैं
उसी पुल से

पुल
कहीं नहीं जाता
दशकों बाद
उसी पुल ने
कल मेरे आँसू पोंछे।

हर दिन

हर दिन
थोड़ी सी रोशनी की तलाश में
लांघती हूं बहुत सारा अंधेरा

वैसे ही
जैसे थोड़ी सी नींद की खोज में
लड़ती हूं कितनी ही हकीकतों से

क्या वाकई
हरीफ़ बन गई है हकीकत
एक सच्चे मुलायम पल की

मैं सचाई के उस मासूम से फाहे को
अपने भीतर छिपा लेना चाहती हूं
अजीब से भिनभिनाते झूठ की इस दुनिया में
बचा लेना चाहती हूं
सच का एक महीन-सा कोना

भीड़ कितनी भी हो उस झूठ के साथ
खींचती है मुझे सच की मुलामियत ही

थकान से भरी रात
सुकून बस इतना है
धुंधलाया नहीं है मेरा होना।

मुझे उस डर से महरूम कर दो

उस दिन के उजाले में
मुझे किसी भी रात से ज़्यादा डर लगा था

यह एक सामान्य-सी स्वीकारी हुई बात है
कि अंधेरा रात के हिस्से आया
और यों, डर काबिज़ हो गया था वहां

अगरचे दिन भी डराता है कई दफे

जैसे कि उस दहकते से दिन में,
रोशनियां गवाह थीं
कसैले, बिजबिजाते डर का
चखा था उसी दिन
डर का असल स्वाद मैंने...

हम नाहक ही
रंगों से भावों का संबंध जोड़ते आए हैं...

मुझे उजाले से कोई गुरेज़ नहीं
बस उस डर से मुझे महरूम कर दो।

मूर्तियों के कद से विकास को नापने वाला यह दौर

दिन गुज़रता है
जाने कितने ही गैर ज़रूरी कामों में
कितने ही लोग
गुज़ारते हैं अपनी पूरी जिंदगी
ऐसे ही बेअसर कामों में

क्या उन्हें भी मेरी तरह नींद न आती होगी
या कि
भुला दिए होंगे सभी ने
अपने ज़िंदा होने के मानी
जैसे बुदबुदाते हैं कोई प्रार्थना
हर रोज़
जो खो चुकी है कब का अपना असर

भोर का उजास
ज़िन्दगी नहीं है यहां
रात भी कहां
ख़्वाब बुनती है वहां
वह तो महज़ इक दिनचर्या है
जो खत्म होने को शुरू होती है

क्या फर्क पड़ता है
कि नज़ीब कहां गया
क्या हुआ कि
रोहित के साथ
ज़िन्दगी को बचाने का इक ख़्वाब खो गया

हमें न वास्ता है
अपनी भाषा से
न ख्याल है
इंसानी ज़रूरतों का
प्रेम
उसे तो हमने कब का
किसी दराज में बन्द कर रख दिया है

मूर्तियों के कद से विकास को नापने वाला यह दौर
दरअसल हमारे बौने होते जाने का दौर है।

बिंदु और रेखा

कुछ बिंदु खींचे हैं हमने
सोचती हूँ
जोड़ दूँ
उन बिंदुओं को
खींचकर एक रेखा।

पर,
बरतना चाहती हूँ
एक सावधानी भी
कि वह रेखा
तय न करे
कोई घेरा
किसी भी बिंदु के लिए।

मुखौटों का शहर

मुखौटों का शहर है यह
चेहरे पहचाने नहीं जा सकते

समय
जो गवाह है
विखंडित शक्लों का

रंगों की सारी समझ
थक गई हो जहां
कौन सा रंग ढूंढे वहां

आदर्शों के भरे पूरे शक्ल के पीछे
जैसे ठहाका मार रही हो
झूठ से सनी
एक लिजलिजी काया
जिसे देख
संभव है
भयाक्रांत होना

सहम जाता है
वह छोटा सा बच्चा
नहीं समझ पाता
इस शहर की पारिस्थितिकी
ज़िन्दगी के गुणा भाग
थका देते हैं
उसकी मासूम आंखों को

इतिहास पसंद आने लगा है उसे
वहीं दीखती है उसे
भविष्य की राह।

मेरे देश का नक्शा कहां गुम है

मेरे देश का नक्शा कहां गुम है?

मुझे अपना देश किताब के पन्नों पर नहीं चाहिए था
नहीं चाहिए था मुझे
मेरा देश
चंद शब्दों के कुछ नारों में

मुझे नहीं खड़ा होना
डर से
किसी गीत पर
नहीं शामिल होना
किसी जयकारे में कभी

भूख से कुलबुलाते बच्चे
अपने जने को खो
आर्तनाद करती माएं
जीवन से रहित
अपनी संतान को
कांधे पे उठाए
हारे पिता

ढूंढ़ रहे हैं...

किताब के पन्ने पल्टे जा चुके हैं
नारे कहीं गुम गए हैं

किसी को खबर नहीं
कहां है देश!!

चुनाव अभी-अभी गुज़रा है
बीत चुका है मौसम
उसी देश की भक्ति का।

स्याह-सफ़ेद

दिन भर की उठापटक के बाद
हर रात
जब जाती हूँ सोने
तो नींद नहीं होती
सपने होते हैं, आकांक्षाएं होती हैं

जो रोज टकराती हैं
उस सच से,
जो स्वीकार्य हो चला है
हमारे समय में
टूटती हैं, बिखरती हैं
और चिढाती है मुझे हर नज़र

मुझे लगने लगता है
कि सच और सही के फांक को देखना
मैं भी बंद कर दूंगी एक दिन

पर यह जो रात है न
ये बचाता है मुझमें
मेरे खोते भरोसे को
मेरे उस साहस को
जो समय के सच से
होता रहता है घवाहिल

यह रात
जिसे हम अन्धेरा कहते हैं
जिसे जोड़ते हैं हम
तमाम नकारात्मकताओं से
मेरे भीतर के उजाले को
बुझने नहीं देता

सच कहूँ
रात के इस स्याहपन ने ही
बचाए रखा है
श्वेत के प्रति मेरी आस्था को।

मैं हैरान हूँ

वे कहते हैं
आकाश को लिखो चाँद
सवाल को कहो जवाब
धूप को लिखो बारिश
आँसू को कहो खुशी

मैं हैरान हूँ...

वे फिर कहते हैं
लिखो, लिखती जाओ
युद्ध को शांति
स्याह को सफ़ेद
अंधेरे को रोशनी

मैं कहती हूँ नहीं,
ये नहीं है संभव
और बररा पूंटी
छिन जाती है कूची
खो जाते हैं अर्थ।

आस्थाएं

आस्थाओं से भरे इस देश में
जहाँ लोग तुले हों
आस्थाओं को उन्माद का खिताब देने को
मैंने छिपा ली है
बड़े करीने से
अपनी आस्था

मेरी आस्था
कभी भी
उस भीड़ में शामिल नहीं होगी
जो जीवन से ऊपर है...

भीड़
जिसने किया हो कत्ल
फेंके हो पत्थर
किया हो चीर हरण
या फिर रही हो साक्षी
आस्थाओं के नाम पर किए गए
ऐसे किसी भी अपराध का...

उसे नहीं चाहिए
कोई पाखंड
नहीं ओढ़नी
उसे धर्म की चादर

मेरी आस्था
सुंदर है
स्वतंत्र भी
जीवन की तरह
उसे किसी इमारत की दरकार नहीं।

उदास ख़्वाहिशों की संतान

हम उदास ख़्वाहिशों की संतान हैं
ख़्वाहिशों की नाकामियों से
थके हमारे पूर्वज
निढाल हो चुके थे जिस रात
जन्म लिया था
कुछ नए ख़्वाबों ने फिर से

ख़्वाब
जो खिलते रहे
समय के साथ
एक अजीब-सी बारीक ज़िद में

अपनी उम्र के साथ
बढ़ती रही ज़िद
पर
समय कहाँ रुकता है
क्षीण होती काया
देख रही उस ख़्वाब वाली ज़िद को
लगातार गलते

समय
जैसे हँस रहा हो
वितृष्णा लिए हँसी
और
चीख रही हो

मेरी उदासी
पागलपन लिए

और सीढ़ी के अंतिम ज़ीने
पर बैठी मैं
अपने जीर्ण हाथों से
सहला रही हूँ
उस ख़्वाब वाली ज़िद को।

चलो बो दें कुछ प्रार्थनाएं

चलो बो दें कुछ प्रार्थनाएं

हाथ जोड़े हमारे हाथ
तब बिल्कुल भी सच्चे नहीं लगते
जब हम खो चुके होते हैं सारा स्नेह
भद्दा लगता है उन्हें सुनना
जब लुप्त हो चुकी हो सारी करुणा

चलो बोते हैं कुछ एहसास
कि प्रेम
बस किताबों का शब्द बन कर न रह जाए
क्योंकि भाव के अभाव में
यह शब्द बहुत अश्लील लगता है

इन अभावों को नहीं भरता
कभी कोई रुतबा
महज़ शब्दों से
कहां पूरी होती है कोई कविता

चलो बो दें कुछ प्रार्थनाएं
जिनसे सिर्फ सच्चे शब्द निकलें
जिन्हें बेमन बुदबुदा कर ज़ाया न किया जा सके

चलो बो दें कुछ प्रार्थनाएं।

वह हमेशा किसी बारिश का ख़्वाब देखती थी

वह
हमेशा किसी बारिश का ख़्वाब देखती थी

वह
सिनेमा की बेइंतहा शौकीन वह
जब भी देखती
बादलों से घिरते
आकाश को
मल्लिका बन जाती

पर उसे कतई नहीं था इंतज़ार
कालिदास का किसी...

वह खुद लिखती थी अपनी रचना
इंतजार के आंसुओं से नहीं
उसके शब्दों से
खुशी के ख़्वाब बहते थे
झरती थीं
बूंदें आह्लाद की

वह
बारिशों के ख़्वाब में डूबी
वह
खुद अपनी ही रचना थी।

उदासियों का कोई रंग नहीं होता

उदासियों की कोई शक्ल नहीं होती
उदासियों का कोई रंग नहीं होता

पर फिर भी हर बार
हो जाती हैं कामयाब
ये उदासियाँ
ज़िंदगी के रंग को
तनिक म्लान करने में

उदासियों की कोई शक्ल नहीं होती

बावजूद इसके
हर दफे
मुस्कराते चेहरे पर
हो जाती हैं ये काबिज़

उदासियों का कोई ठिकाना नहीं होता

पर, जहां कहीं भी ठहरती हैं
ये उदासियाँ
छोड़ जाती हैं निशाँ अपने...

उदासियों का कोई मौसम नहीं होता

किसी भी मौसम में
आ जाती हैं
छा जाती हैं
उदासियाँ...

उदासियों की कोई शक्ल नहीं होती
उदासियों का कोई रंग नहीं होता!

ज़िंदगी किसी भी साथ से ज़्यादा ज़रूरी है

मुझे नहीं चाहिए था नैराश्य
पर जकड़ी हुई थी तमाम निराशाओं से
अधूरापन रूप धर रहा था, कुंठाओं का...
निराशाओं का अपना अन्धकार था
जो कर रहा था हर रोशनी से दूर
ज़िंदगी से दूर...

और एक दिन
डर में डूबी मैं,
उस डर से उबरने की कोशिश में
कर लिया खुद को उनसे दूर
कभी चाहा था
जिनके साथ रहना

ज़िंदगी किसी भी साथ से ज़्यादा ज़रूरी है
समझ पाई थी जिस दिन

डरों को जीतना आसान होता गया
स्याहपन में भी ज़िन्दगी की लौ नज़र आई।

निशान

मैं गुजरती जा रही हूं
बीते हुए पन्ने की तरह
बहुत कुछ लिखे जाने की ख्वाहिश में
या कि
अतिशय दुलार में
जिसे खाली छोड़ दिया गया था

पन्ना
वो कोरा ही रहा
और दुलार
मानो अ-भाव में बदल गया हो

सिर्फ बीता ही नहीं है
सील गया है वह पन्ना
और सीलन
निशान तो छोड़ ही जाती है।

रात और ख़्वाब

रात
रोज़ आती है
अपनी खामोशियों के साथ
अपनी नीरवता के साथ
अपने अन्धेरेपन के साथ

जाने क्यों लोग
डरा करते हैं
इस रात से

मुझे इसकी खामोशी
बहुत प्यारी है
इसकी नीरवता
पैदा करती है
संगीत मुझमें

दिन के उजास से उलट
इसका अंधेरापन
तसल्ली बख़्शता है मुझे
और मेरे भीतर
हर रोज़
इक ख़्वाब जगा जाता है।

खो गई चीज़ों का दुख

खो गई चीज़ों का दुख
कभी नहीं खोता

मसलन
उस छोटी बच्ची का
मैकलॉडगंज की उस सड़क पर
मुझे थमाया वह नीला फूल
जो अब खो चुका है

मसलन
अचानक से एक सर्द काली रात में
मेरा हाथ थामे
तुम्हारा दो कदम संग चलना
वह रात जो अब खो चुकी है

वह रात
वह फूल
वह स्पर्श
तुम्हारी आवाज़ का
जिसके ज़रिए तुमने प्यार पहुंचाया था पहले दफे

कुछ भी नहीं है कहीं अब
पर हर वक्त साथ रहता है
उनके न होने का दुख...

खो गई चीज़ों का दुख
कभी नहीं खोता!

(सविता सिंह की नई किताब 'खोई चीज़ों का शोक' को पढ़ते हुए आए ख़याल)

विस्मय

स्मृतियों से जद्दोजहद करती वह
जिस आवाज़ से विस्मित हो जाती है
वह छूट चुके वक्त की थी

स्मृतियों और विस्मृतियों के इस मुठभेड़ में
एक बेहद शांत किनारे पर उस रोज़
विस्मय का शोर हुआ था।

इस वक़्त मैं उम्मीद से नहीं हो सकती

56

जिस वक़्त
प्यार की सबसे ज़्यादा ज़रूरत थी
उसी वक़्त
मैंने खुद के सारे दरवाज़े बंद कर दिए

इंतज़ार उम्मीद नहीं होता
इंतज़ार स्मृतियों को बेधता रहा है मेरे

इतने सारे घाव हैं
मेरी स्मृतियों पर
फिर से कोई इंतज़ार नए घावों का भय जगाता है

इस वक़्त मैं उम्मीद से नहीं हो सकती
मुझे मरहम की ज़रूरत है।

ज़िद्दी पहाड़ मत बनना

मेरे पास कोई जवाब नहीं है
सवालों की नदी
एक दिन डुबो देगी मुझको

मैं फफक कर रोना चाहती हूँ
इतना कि
फिर मुस्कुरा सकूँ तुम्हारे साथ
किसी दिन

उस दिन
तुम ज़िद्दी पहाड़ मत बनना
आकाश बनना
अपनी पसंद के रंग का
मैं अपने रंग के साथ
तुमसे लिपट जाऊँगी!

मन का जुड़ना

मन का जुड़ना
अधूरा क्यों लगता है तुम्हें

वह कंधा ढूंढती रही ताउम्र
जिस पर रख सकूँ सर बेझिझक
ढूंढती रही वह साथ हर दफ़ा
हंस सकूँ जिसके साथ ठहाके लगा कर
रो सकूँ
जहां डरे बिना

मन जोड़ना चाहती रही जिनके साथ
उन्हें देह की गंध की कमी लगी
मेरे नेह का स्पर्श
काफ़ी नहीं था उनके लिए

आँखें होती रहीं गीली जहां
रीता रहा मन हर घड़ी वहाँ

मन इस तरह बस तन्हा ही रहा।

अभावों की संतान वह स्त्री

अभावों की संतान वह स्त्री
बहुत सारे भाव जनना चाहती है

भावों को जनना
गुलमोहर के पौधे लगाना भी हो सकता है

और किसी खाली हृदय में
प्रेम की कोंपलें बोना भी

जनने की प्रक्रिया यातना से भरी हो सकती है

पर,

जिस दिन वे कोंपलें खिलेंगी
देखना,
गुलमोहर भी मुस्कुराएगा।

तलाश

वह क्या तलाश रही थी उस रोज़
कौन-सा इंतज़ार डुबो रहा था उसके मन को

एक गहरा आलिंगन, एक तप्त चुंबन!

प्यार की प्रक्रियाओं से परहेज़ करने वाले इस समाज में वह प्रतीक्षा कर रही है
उस सोहबत का, जिसके साथ वह किसी गहरे समंदर किनारे बैठ खूब सारी प्रेम
कविताएं लिख सके।

उदास होती शाम

कोई उदास होती शाम कैसी दीखती होगी?
मैंने पहली बार तुम्हारी पनीली आंखों में उदास होती शाम को देखा था...

तुम्हारा पसंदीदा हरा रंग तब्दील हो रहा था किसी अलग ही रंग में, कौन-सा रंग था वह आखिर?

कुछ रंग रंगों की हमारी पहचान से परे होते हैं...

शायद!

बहुत दिनों बाद

बहुत दिनों बाद
जब गई थी रसोई में

नाराज़ था हर कोना
बर्तनों की खिटपिट सभी ने सुनी है
पर यहां ख़ामोशी थी
शायद तरीका था यही उनका

चूल्हे पर चढ़ा दूध
उफन कर
कर रहा था ज़ाहिर
अपना रोष

चाय की कप से
छलक
स्लैब पर बिखरी हुई चाय
मुंह चिढ़ा रही हो मानो

तभी...
नलके से गिरता पानी
सबूत दे रहा था
अपने समय के पाबंद होने का...

हौले से मुस्कुराती हूं
सहलाती हूं

अपनी बेतरतीब बिखरी ज़िन्दगी
चाय से भरा मेरा प्यारा सा मग
मुस्कुरा रहा है
और
मैं भी।

अपनी बेतरतीब बिखरी ज़िन्दगी
चाय से भरा मेरा प्यारा सा मग
मुस्कुरा रहा है
और
मैं भी।

वह नदी अब लड़की हो चुकी है

ख़ूबसूरत दीवारों से बने एक दराज़ में एक लड़की गुमसुम सी बैठी है। यह ख़ूबसूरत दीवार उसके भीतर कोई आकर्षण पैदा नहीं कर रहे। वह तल्लीन है एक खुली दुनिया का ख़्वाब देखने में। उस खुली दुनिया में कोई दीवार नहीं है कहीं। एक कलकल बहती हुई नदी है उस दुनिया में। वह भी नदी हो जाना चाहती थी उन दिनों...

पर नदियाँ भी तो सूख जाती हैं न कभी कभी। सूख चली यह नदी आज अपने बहाव के दिनों को याद कर रही है। याद कर रही है कि कैसे एक नीले पहाड़ ने दोस्ती का हाथ बढाया था। नदी को लाल रंग पसंद था उन दिनों।

रंगों की ज्यामिति समझते समझते नदी और पहाड़ अपने रंग खोते रहे, एक उदास शहर की खाली सडकों की तरह। वे सड़कें ज़रूर आबाद होंगी फिर से। पर वह नदी, वह नदी अब नहीं मिल सकेगी किसी पहाड़ से कभी।

वह नदी अब लड़की हो चुकी है।

सम्मोहन

मुझे नहीं पता
विश्वास का रंग कैसा होता है
शक्ल कैसी होती है प्यार की
यह भी नहीं जानती मैं!

कुछ सवाल
अनुत्तरित ही अच्छे लगते हैं मुझे
उन्हें सुलझा कर
नहीं मिटाना चाहती ख़ूबसूरती उनकी!

वैसे भी,
विश्वास और प्रेम
गणित के कोई सवाल नहीं
ना ही कोई सिद्धांत हैं विज्ञान के

ये शब्द
जटिल हैं अपनी सहजता में
सुन्दर हैं अपनी जटिलता में

इस वक़्त मैं उसी अबूझ सुन्दरता के सम्मोहन में हूँ।

क्योंकि कुछ किस्से कभी नहीं लिखे जाते

कुछ कहानियां हमें शायद कहीं नहीं ले जाती पर हमेशा बनी रहती हैं साथ। हम कई दफ़े सोचते भी हैं कि इन किस्सों का करें तो क्या? इनके साथ मुस्कुराना तो कतई संभव नहीं फिर क्या किया जाए। सच है कि यह ख्याल भी आया ही कि क्यों न इन्हें दफ्न कर दिया जाए, पर वह ख्याल मुझे बहुत ही आततायी लगा... रूई के फाहों की मुलामियत लिए जो किस्से शुरू हुए हों, उन्हें दफ्न कर देने का ख्याल कितना तो निर्मम लगा और अचानक से सिहर उट्ठी थी मैं।

कुछ ही देर बाद अपनी सिहरन समेटे उस किस्से के बेहद करीब जा कर चुकामुकी बैठ गई और उसे छूने की कोशिश की। बाहर हवाओं ने मौसम को सर्द कर दिया है बावजूद इसके वहीं अपनी टूटी बालकनी में बैठ जब उसे छूने की कोशिश की, तब मुझे सूरज सा ताप महसूस हुआ, बेइंतहा गर्म! चौंक उठी थी मैं! ये कैसे हो सकता है. दीवारों पर लगा मैरून रंग तो जाने कब का धूसर हो चला है और फिर जैसे कानों में गूँज उठा- रंगों में भी रहस्य होता है। मैंने खुद को बुदबुदाते हुए कहा था – शायद!

कभी कभी लगता है कि कितनी भी उंगलियाँ क्यों न चला लो अपने कंप्यूटर के पन्ने पर, बस शोर ही होता है हासिल। और मैं वह शोर नहीं सुनना चाहती। सो, बाहर आ गई हूँ, हवाओं को सुनने क्योंकि कुछ किस्से कभी नहीं लिखे जाते।

वह एक बीती हुई शाम थी!

शाम जो बीत कर अपना कुछ हिस्सा छोड़ गई थी! जैसे कोई मुलाक़ात गुज़र कर भी आपके साथ रह जाती है।

वह हिस्सा मुझे तुम्हारा किस्सा सुनाता है आज भी और मैं मुस्कुराने लगती हूं, ख़ामोश भी हो जाती हूं कभी कभी!

खामोशी बात नहीं कर सकती क्या? कभी कभी मुझे लगता है कर सकती है! उसी खामोशी को पढ़ने समझने की कोशिश करती हूं, भन्ना उठती हूं, फिर से कोशिश शुरू करती हूं!

उठती हूं और सोचती हूं कि बीते हुए को बीत जाने देना चाहिए...

उम्मीद और साहस

68

मुझे उस ऊंचे आसमान को तकना बहुत अच्छा लगता है! मैं जब उस आसमान को देखती हूं तो मुझे बहुत सारे ख़्वाब नज़र आते हैं।

जी हां! मैं जागती आंखों से ख़्वाब देखती हूं! जगी आंखों वाले ख़्वाब मुझे उम्मीद ही नहीं, साहस भी देते हैं!

जीवन को उम्मीद और साहस दोनों की दरकार होती है।

धूप हर रोज़ खिलती है

बारिशों का पानी
ठहर गया था भीतर
और सील रहा था मन जिस रोज़
धूप उस रोज़ भी खिली थी...

...धूप हर रोज़ खिलती है।

सवाल तय कर दिए गए जवाबों के

कुछ वाक्य हमें 'तय' जवाब की तरह सिखाए गए
हमने भी कभी
ज़हमत न की
कुछ पूछने की

सिर झुकाए
करते रहे जाप
किसी मंत्र की तरह

उम्र की सीढ़ियां चढ़ते चढ़ते
एक वक़्त आया
जब उन जवाबों के सवाल ढूंढने का मन हुआ

और पाया
कि जो वाक्य हमें सिखाए गए थे
जवाब की तरह
वे जवाब किसी बड़ी साजिश का हिस्सा थे

मैं
ऐसे सभी वाक्यों को तोड़ देना चाहती हूं
जो स्थापित हो गए हैं
मंदिरों के देवताओं की तरह

मैं चाहती हूं
कि
हर पूर्ण विराम पर
सवाल करने की गुंजाइश बची रहे।

जीवन का खिलना

आंखों में बहुत सारा बादल लिए वह पहाड़ों को ढूंढ रही थी। प्रेम में डूबा बादल जब पहाड़ों को गले लगाता है तो ज़मीन की गीली घास मुस्कुराने लगती है। ऐसा भी हो सकता है कि मैं पहाड़ बन जाऊं, तो... तो तुम मुझे बादल बन ढूंढने आना। मैं घास बन मुस्कुराने लगूंगी। उस क्षण उस हरी घास पर जीवन खिलेगा। बरसों बाद जब कभी बादल घूमता पहाड़ों पर आएगा, उसी गीली घास की तरह खिलखिला के मुस्कुराएगा।

समान्तर रेखाएँ

बहुत कमज़ोर थी
गणित के सवालों में
डर लगता था
रेखाओं, कोणों से
आड़ी-तिरछी आकृतियों से

पर, आज वहीं से
कुछ याद आ रहा है
कि
मिल नहीं सकतीं
रेखाएँ कभी समान्तर।

मिलने के लिए
जरूरी हो शायद
किसी एक के लिए
करना विस्मृत
अपने होने को।

क्या हम भी
बन नहीं गए हैं
रेखाएँ
वही समान्तर?

विस्मृति से स्मृतियों वाली यात्रा

रोज़ सीखना चाहती हूं
कुछ शब्द नए
और बिसरती जाती हूं
पुराने सारे अक्षर

स्मृति और विस्मृति की यह यात्रा
नई है
उतनी ही
जितना नया है जीवन

और वह ख़याल
जो इसे जीवन बनाए रखता है

जैसे वह नदी
जो हर दिन
गुनगुनाती है नया राग

तुम भी यों ही तो
आते हो हर बार
पहली मुलाक़ात की तरह
बिल्कुल किसी तिलिस्म की मानिंद

जो है
उतनी ही नई
जितनी यह यात्रा
विस्मृति से स्मृतियों वाली।

स्थानापन्न

बत्तियों के गुल होने से
दिन की रोशनी नहीं बदलती
विकास के बड़े बड़े औजार भी
रात को दिन कहां बना पाते हैं

खुशबू अलग होती है
हर फूल की
खूबसूरती भी

मां की गोद का सुकून
मखमली बिस्तर नहीं देता
ईया के हाथों बना
लाल मिर्च का अचार
खोजे नहीं मिलता
कहां मिलता है
अरिकोंच की सब्जी का वह स्वाद
जो नानी बनाया करती थीं

तलाशते रहते हैं हम
खुशियों को बाहर
पर
नहीं होता कुछ चीज़ों का
स्थानापन्न कहीं

कोशिशें करती बहुत हूं
पर, तुम्हारा प्रेम
मेरे लिए वैसा ही इक भाव है।

तब्दीलियों का मौसम

तब्दीलियों का मौसम था कोई
सब कुछ बदल रहा था जहां
न कोई साल का महीना था वह
जिसकी तब्दीली पर दी जाए
मुबारकबाद कोई

जगहें नहीं बदल रही थीं
बदल रहा था मिजाज़
वे बतकही से भरे कमरे
जिनका गवाह थीं
ढेर सारी खाली पड़ी चाय की प्यालियां
सुनी जा सकती है अब
सन्नाटे की सांय सांय वहां

तबादले पर बदले गए थे
कई शहर अब तलक
नहीं बदली थी किलकारियां
नहीं बदला था व्याकरण
मेरे तुम्हारे संबंध का

वापिस लौटना चाहती हूं
फिर फिर
हल करना चाहती हूं
सवाल कई
पर साबित नहीं करना चाहती कुछ
गणित के सवाल की तरह

तुम्हें पता है न
कितनी खौफ़ज़दा थी
गणित के सवालों से
जानती हूं
लौटना आसां नहीं होता

चलो न
करते हैं यह तब्दीली
तब्दीलियों के इस मौसम में।

तुम्हें याद करना

तुम्हें याद करना
ऐसा है जैसे
खुशबुओं को महसूस करना
नाउम्मीदियों से भरे समय में

उम्मीद की एक मद्धम लौ का झिलमिलाना
है तुम्हें याद करना

ओंठों पर पसरी उदासियों के वृत्त में
मानो हँसी की घुसपैठ है
तुम्हारी याद

पलकों की भीगी कतारों में
हौले से रखा एक नर्म मुलायम स्पर्श है
तुम्हारी याद

पर अब
मुश्किल होता जा रहा है
खालिस तुम्हारी यादों के साथ जीना
यादों से निकल
हकीकत में आओ

जीवन को तनिक और भी सुन्दर बनाएँ
जैसे तुम्हारे चित्र पर लिखी मेरी कोई कविता।

प्यार सिर्फ गुलाबी क्यों होता है

रात का वह पहर
जो देहरी पर है
एक नए दिन की

दिन की पीली थकन
आंखें मींचती हुई
कितनी मासूमियत लिए है

पीला रंग आज से पहले
कभी इतना प्यारा न लगा

प्यार सिर्फ गुलाबी क्यों होता है

थकान का यह पीला रंग
जीवन से कितना सराबोर है
जहां कुछ और रंग भर रहा है
रात का यह पहर
और रच रहा है प्यार का एक नया ही रंग

याद आती है
वह स्त्री
संघर्षों से जूझती
जिसका जीवट ही सौंदर्य रहा
प्यार के लिए स्थापित रंगों से परे
बिना किसी रंग से परहेज़
वह बोती रही बस प्यार।

मेरे प्रेम के व्याकरण में कोई पूर्ण विराम नहीं है...

कहां लिखा है कि
विराम ही
पूर्ण करे किसी भाव को
तुम क्यों वहां
एक लकीर खींचना चाहते हो

मेरे प्रेम के व्याकरण में
कोई पूर्ण विराम नहीं है
वह लहर है नदी की
जो रुकती ही नहीं
मुसलसल बहना
उसे गाढ़ा करना है

हमारा प्रेम
गणित का वह सवाल नहीं
जिसकी परिणति
एलएचएस=आरएचएस हो जाना हो
वह कोई प्रमेय नहीं
जटिल
जिसे मजबूरी में किया गया हो याद

वह तो हर रोज़ जीने का नाम है
मेरे चिड़चिड़े मिजाज पर
तुम्हारा कहा एक लतीफा
मेरे भीते मन को

संबल देता तुम्हारा स्पर्श
मेरे ख़यालों के बाग को
सींचते तुम्हारे जज़्बात
पूरा करते हैं
प्रेम के व्याकरण को

सुनो इनकी आवाज
छोड़ दो
लकीरों से इन्हें पूरा करना
बहुत आसान हैं
इसके क़ाईदे
ये वो मरासिम है
जो बस प्रेम से मुकम्मल होगा।

चिट्ठियाँ - 1

जिन दिनों तुमसे बातें नहीं हुईं
उन दिनों मैंने तुम्हें चिट्ठियां लिखी हैं

उन चिट्ठियों को मैं रोज़ पढ़ती हूं
और मुस्कुराती हूं

ये चिट्ठियां मुझे प्रेम में होने का भ्रम देती हैं
और ये भ्रम तुम्हारी ही तरह सुंदर हैं।

प्रेम

'प्रेम मेरे लिए जीने जितना ज़रूरी है'
जब मैं यह कहती हूं
तो लिखती हूं
'जीवन जीने की मेरी कामना
प्रेम के बिना अधूरी है'

तुम्हारे साथ घंटों की बातें
दरअसल प्रेम को खोजती तलाशती रातें थीं

खो दिया था खुद को
तुमसे प्रेम करते करते

फिर एक दिन जैसे जागती हूं और सोचती हूं

तुम्हें प्रेम करना
खुद को खोना भला कैसे हुआ

खुद को पाने के रास्ते में हूं
यों तुम्हारा इंतज़ार अब भी है

गर कभी याद आऊं
और अगर मुझे चीन्ह भी पाओ तुम
तो गले मिलना
ठीक वैसे ही
जैसी कामना की थी हमने साथ-साथ!!

नई यात्रा

बीता हुआ प्रेम
स्मृतियों के निशान छोड़ गया था

मैं उन निशानों को गले लगाए
उस बीते प्रेम की तरह
ख़ुद भी बीत रही थी
रीत रही थी

तुम्हारा आना
कोई बारिश नहीं था
जो इन निशानों को धुल देता

पर यह भी सच है कि
रोशनी से प्यार करने वाली उस लड़की को
तुमने यह तो बताया ही
कि अंधेरा इतना भी बुरा नहीं होता
और यह भी कि
सपने जो कामिल नहीं हुए
उनकी यात्रा उतनी ही थी।

उन स्मृतियों के दंश को
तुमने खुशबू में बदल दिया
और हम दोनों ने मंज़िलों की परवाह किए बगैर
एक नई यात्रा शुरू की!

तुम्हें प्रेम में होना होगा

मैं खुशबुओं की तलाश में थी

हरी पत्तियां, नीले आकाश, तमाम बारिशों, चटकती धूप - सभी ने मुझ तक खुशबू
पहुंचाई।

'इन्हीं खुशबुओं को मैंने प्रेम कहा'

मेरे कमरे में हर ओर बिखरी है यही खुशबू
जहां प्रवेश की सिर्फ़ एक ही शर्त है:

.

.

.

'तुम्हें प्रेम में होना होगा'

चिट्ठियाँ - 2

कुछ चिट्ठियां ठीए पर नहीं पहुंचती कभी
बावजूद इसके लिखी जाती हैं रोज़ ही
एक खत जो तुम्हें लिखती रही हूं बरसों बरस
वो मुझे तुझ सा ही लगता रहा है जाने क्यों...

नीला चांद

तुम
इस बार जो मुझसे मिलने आना
इक कोरा पन्ना साथ में लाना

मैं उस ख़ाली पन्ने पर
एक बड़ा सा ख़्वाब रचूंगी

उस रोज़
मैं फिर से बच्ची बन जाऊंगी
और भिगो दूंगी इस पूरे जहां को
प्यार वाले रंग में
तुम उस पर
नीले रंग का चांद खिलाना।

वह इक ख़याल है

87

वह इक ख़याल है
ढूंढ रही है ख़ुद को

वह इक सवाल है
बूझ रही है ख़ुद को

कभी जो उससे मिलो
थकन को उसकी
ज़रा सी सहूलियत देना

न हो सके गर वो भी
हौले से बस उसको सुन लेना।

चिट्ठियाँ - 3

चिट्ठियां जो कभी भेजी ही नहीं गईं
वे आज अपना ठीया ढूंढ़ रही हैं
इन्हीं चिट्ठियों के मार्फ़त
मैं मुब्तला हूं
तेरी याद में

हसरतों का कोई बोझ नहीं
न कोई डर वादाखिलाफ़ी का

तुम और मैं
ग़र मिले जो कभी
बिन किसी वादे मिलेंगे।

वक़्त

वक़्त
मानो इक लंबी सड़क सा पसरा हुआ है
कुछ कदम तुम चलो, कुछ कदम हम चलें

मुलाकातें मुल्तवी हो रखी हैं
चलो, फिर से आज मिलते हैं
भूलकर बीती हुई हर बात

अरसे बीत गए
चलो, आज एक दूसरे को सुनते हैं।

हम और तुम

कंपकंपाती सर्द में हम हाथ थाम लेंगे
चिलमिलाती धूप में हम हाथ थाम लेंगे

एक बड़े कवि ने लिखा है-
"थामे हुए हाथ की तरह सुंदर
होनी चाहिए यह दुनिया"

दुनिया को सुंदर बनाने की ज़िद लिए
हम यों ही चलते रहेंगे साथ साथ

मैं कभी पढ़ूंगी
परवीन शाकिर को
तुम सुनाना मुझे
पाश की कविताएं कभी
फ़ैज़ और मीर को हम संग-संग समझेंगे

सीखेंगे मानी
न सिर्फ़ नज़्मों के
जीवन को भी
अर्थ देंगे

रोशनी की तुम्हारी ज़िद बेहद खूबसूरत है

हम साथ-साथ
उसे कामिल करेंगे।

राहत

मैं तेरा इंतज़ार करती हूँ
जैसे धूप में डूबी देह
बारिशों का करती है

बीत चुके सभी प्रेम
की याद
थोड़ी कम हो जाती है
जब तुम्हारे साथ होती हूँ

यह यकीन होता जाता है कि
सीमित परिभाषाओं वाले प्रेम के बिना भी
मेरा जीवन खाली नहीं बीतेगा
रीतेगा नहीं

बहुत सारे आँसू
थोड़ी सी सिहरन के साथ
मैं इस जीवन को बचा लूँगी

बारिशें न जाने कब आएंगी
पर धूप थोड़ी कम हुई है
और अभी यही बड़ी राहत है।

इत्मीनान चाहती हूं

तुमसे मिलने की तारीख नहीं जानती
बस इतना जानती हूं कि
कुछ स्पर्श शब्दों से भी महसूस होते हैं

जिस दिन
तेरी तस्वीरों में आऊंगी
सच्ची हो जाऊंगी

झूठी मुस्कुराहटें थका देती हैं

तुम्हारे कांधे पर सिर टिका
मैं अब थोड़ा-सा इत्मीनान चाहती हूं।

तुम्हारी याद

मैं तुम्हें
मंज़िल पर न पहुँच सकने की पीड़ा की तरह याद नहीं करूंगी
कोशिश करूंगी तुम्हें उन खूबसूरत रस्तों की तरह याद करूँ
जिन पर बेखौफ़ हंसी थी मैं और रोई भी थी

मैं तुम्हें
किसी समंदर किनारे
डूबते सूरज को तकते
हाथों में वाइन थाम पढ़ी गई
नाज़िम हिकमत की कविता की तरह याद करूंगी

मैं तुम्हें
किसी ऊंचे पहाड़ पर
शैतानी से मचाए शोर की तरह याद करूंगी

मैं तुम्हें
पहाड़ के समंदर से मिलने
और
समंदर के पहाड़ को गले लगाने की तरह याद करूंगी

मैं तुम्हें
किसी रात और सुबह के बीच
ट्रुथ और डेयर खेलते
बढ़ी हुई धड़कन की तरह याद करूंगी।

तुम बचा लेना प्रतीक्षा को स्याह होने से

यहां
हर कोई प्रतीक्षा में है

किसी को प्रतीक्षा है रात की
तो कोई कर रहा है
सबेरे का इंतजार यहां

सर्द सुबहों को है प्रतीक्षा
धूप के खिल जाने की
तो कोई कर रहा
इंतजार
बारिशों में भीग जाने का

किसी को है प्रतीक्षा
प्रियतमा के ख़त की
तो कोई कर रहा इंतजार
मुकर्रर किए गए किसी मुलाक़ात का

खतों को इंतजार है
पढ़े जाने का
वहीं मुलाकातें
मुकम्मल हुआ चाहती हैं।

हर प्रतीक्षा में छिपा है
इक रंग

उम्मीदों वाला
वही रंग
जो सुंदर बनाता है
इन प्रतीक्षाओं को सभी

मैं बचाऊंगी इस प्यारे रंग को
उम्मीद वाले
तुम भी बचा लेना
प्रतीक्षा को स्याह होने से।

एक बार और मिलने की इच्छा कभी खत्म नहीं होगी

कहानियां सिर्फ पन्नों पर कहां रची जाती हैं...
यही कहते थे न तुम।
और मैं बावली-सी तुमसे घंटों बहस किया करती
बहस जिसके आखिर में तुम बुन देते कोई खूबसूरत-सी कविता जो पूरी होती थी
मेरी हंसी से, ऐसा तुम कहा करते थे।
पर मुझे तो हमेशा यही लगा कि मेरे आंखों में हंसी तुम्हारे गीतों से होकर आती है।
संभावनाओं से लबालब तुम्हारे शब्दों को जब भी छूती, खुद को जीवन से उमगा
हुआ पाती
तुम्हारे शब्दों का स्पर्श, हारे दिनों को भी जैसे जीना सिखाते हों और न जाने कहां
से ढूंढ लाते हों खुशी मेरे ओंठों की।
और तभी तुम पढ़ने लगते मेरी बेहद पसंदीदा कविता की पंक्तियां:
"एक बार और मिलने की इच्छा कभी खत्म नहीं होगी..."
और मैं कहती हूं- खत्म होनी भी नहीं चाहिए यह इच्छा कभी...!
है ना?

जीवन की संगत में बहना

तुम्हें सुनना खुद ही को सुनना हो जैसे!
और मुझे तुम्हारे बड़े से चश्मे में खुद को देखना।
क्या???
मुझे तुम्हारे इस बड़े से चश्मे में खुद को देखना पसंद है।
अहा! फिर तो बड़ा दिखने की चाह में लिया गया यह फ्रेम बड़े काम का लगता है
ऐसी भी बातें होती है कई दफे जब कुछ भी बातें नहीं होती।
मुझे उन बड़े वादों से बड़ी कोफ्त होती है जो अपने कहे जाने में ही सच्चे नहीं
लगते
अच्छा तो फिर तुम्हें क्या सच्चा लगता है।
उम्म, जीवन...
मुझे जीवन सच्चा लगता है और इस जीवन की संगत में बहना अच्छा लगता है!

स्याह वक्त के नोट्स - 1

अजीब सी मनहूसियत भरे दिन थे वे। किस बात पर आंखें बह उठें, ख़ुद को भी पता नहीं था। दुःख की हवाएं सांय-सांय शोर मचाती हुई बहती रहती-दिन-रात, लगातार। जतन करके भी खुशियों को बुला नहीं पा रही थी।

मैं कहीं भाग जाना चाहती थी, पर कहां? मोहन राकेश का आधे अधूरे बहुत याद आता रहता, हर वक्त लगता कोई हवा है जो घुटन से भर देती है इस कदर कि सांस लेना दूभर हो जाए। मैं शायद उस हवा को अब समझने लगी हूं। पर उस हवा को मुझसे क्या दिक्कत है? यह नहीं समझ पाई हूं।

बाहर धूप आने लगी है। रोशनी गीली घास पर बेहद प्यार से गिर रही थी, जैसे बरसों बाद प्रेम में डूबे दो जन मिल रहे हों और हौले-हौले अपने प्रेम को ज़ाहिर कर रहे हों। कितना सुकून था उस एक दृश्य में, इन्हीं दृश्यों पर कहानियां लिखी जाती होंगी प्रेम की!

मेरे भीतर ऐसी धूप की आमद कब होगी? होगी तो न??

स्याह वक़्त के नोट्स - 2 (शब्दों की वापसी)

कोई सर्द-सी रात थी वह। सुफेद उदासी से ढकी। निर्मल वर्मा को पढ़ते हुए उदासियों से मोहब्बत करने के दिन थे। यह लिखते हुए आँखों में थकी सी उदास हंसी तिर आई थी, थोड़ी हरकत तो होंठो पर भी हुई थी शायद।

दुखों में डूबते डूबते खुशी की आकांक्षा मरने लगी थी। बाहरी दुनिया से जूझ कर निढाल मैं अपने भीतर वापिस लौट रही थी और तभी एक लैंप पोस्ट की सुंदर रोशनी ने मुझे हेलो बोला। ठूंठ हो चुका वह पेड़, स्याह आकाश, वह लैंप पोस्ट और कुछ गिरती सी बूंदें- सब कितनी स्वायत थीं पर साथ भी थीं।

अपने शब्दों को खो चुकी मैं उस पूरे परिदृश्य को अपनी बुझी आँखों से पढ़ लेना चाहती थी। वह दृश्य मेरी आँखों में अब भी हू-बहू दर्ज़ है जिसने स्वायत्तता के प्रति मेरे आकर्षण को थोड़ा और बढ़ा दिया था।

इस तरह शब्दों की वापसी हुई थी मुझमे...

स्याह वक़्त के नोट्स - 3

दिखाई नहीं देते कुछ दुख... कितना सही कहा था तुमने उस शाम से रात होते समय में...! धुंधलाती रोशनी के अंधेरे में तब्दील होते उस समय में वह दुख यकीनन नहीं देखा जा सकता था, पर इसका मतलब यह भी नहीं था कि इसे देखने के लिए किसी खास क़िस्म के उजास की ज़रूरत हो... यदि कुछ ज़रूरी था तो वह था एक मन जो पढ़ सके उदासियों की भाषा, लिख सके खुशियों के अक्षर...

सुनो!! आंखों को दीखने वाली रोशनी की तलाश में कभी मन के ऐसे उजास को अनदेखा मत करना...

स्याह वक़्त के नोट्स - 4 (अपने होने की तसल्ली देना)

कोई जब तुम्हें अपना भीगा मन सौंपे न तो ज़रूरी नहीं कि उसे दरकार हो तुम्हारे धूप की! भीगा मन हर दफ़े सूखना भर ही नहीं चाहता! वह कुछ चाहता भी है क्या, क्या चाहता है वह?

... शायद

... एक तसल्ली!

तुम धूप की तलाश में मत निकाल जाना, तुम उसे अपने होने की तसल्ली देना...

स्याह वक़्त के नोट्स - 5

व्यस्तताओं से सने दिनों को
जब चाहिए था थोड़ा-सा प्रेम
जाने कैसे ढूंढ लेते हैं अवसाद
और प्रेम की संभावनाओं तक को नष्ट कर देते हैं...

स्याह वक़्त के नोट्स - 6 (आश्वस्ति)

तुमने जिस वक़्त में मेरा हाथ पकड़ा था, मैं इस दुनिया को नहीं जानता था, इस दुनिया की किसी भी सड़क को नहीं पहचानता था। सड़कें, सड़कों पर चलते लोग कभी मुझे विस्मित करते और कभी भर देते भय से! ऐसे हर क्षण में तुम मेरा हाथ थामे रहे। तुम्हारा यों मेरा हाथ थामे रहना बड़ी सी आश्वस्ति थी इस विशाल अनचीन्ही दुनिया में।

छोटे से शहर का बड़ा सा बाज़ार था वो! भीड़ से सनी पतली सड़कें और उसके दोनों कोनों पर दुकाने शहर के 'होने' को नुमाया करती हुई। वे दोनों कोने भी शहर के दो अलग तबके थे। हालांकि हमारी जरूरतों को दोनों किनारे पूरे करते थे पर हमारा बर्ताव दोनों के साथ एक सा न था।

बर्तावों का यह भेद हमारी गढ़ावट में शामिल था, अपने बरते जाने की प्रक्रियाओं में कोई और नहीं हम ही सांस ले रहे होते हैं ऐसा कहते हुए तुम हमेशा मुझे आगाह करते रहते। बिना कुछ स्पष्ट कहे तुमने ही सिखाया था कि हमें अपने बर्ताव में और अधिक संजीदा और शब्दों में जवाबदेह होने की ज़रूरत है।

आज भी कहाँ ही चीन्ह पाया हूँ इस दुनिया को, इसकी ऊबड़ खाबड़ सड़कें मेरे मन को अब भी डरा देती हैं!

... आज तुम्हारे होने की आश्वस्ति भी नहीं है।

स्याह वक़्त के नोट्स - 7 (यहाँ रात पड़ी है)

उदास से किसी दिन को एक रात ने गले लगाया था। इन्सानों ने बेमतलब गले लगाना छोड़ दिया था उस वक़्त एक रात ने उदासी को गले लगाया था।

जब भूल गए थे हम सब खालिस प्यार करने का हुनर, एक खाली रात ने थके उजड़े दिन को अपने होने का हौसला दिया था।

कभी-कभी लगता है रातें आबिदा परवीन की मुरीद हैं। वो गाती हैं न हमें आसानियाँ पसंद नहीं। वे बेपनाह इश्क सौंपती हैं उदासी लिपटे दिनों को और फिर वे ही दिन मौसम बदलते दगा कर जाते हैं रात के साथ!

यहाँ मोहब्बत में भीगी वही रात पड़ी है और गुनगुना रही है मानो:
"मेनू झल्या बना कर तू चलया"

स्याह वक़्त के नोट्स - 8

वो जो ऊपर
आसमान है न
बुलाता है मुझे
कई मर्तबा

पर,
नीचे
इक ज़मीन भी है
जो छोड़ती ही नहीं

मैं सोचता हूं
मिल आऊं
इक दफ़े
उस आसमान से भी

पर
खींचती रहती है
ये ज़मीं मुझको

मेरी बेचैनी
जो छटपटाहट बन गई थी इधर
छिपी नहीं थी
इस जमीं से भी

इक रोज़
जैसे ही बढ़ाया था मैंने
हाथ अपना
दूर आसमान जैसी
किसी चीज़ की ओर

धीरे से
छुड़ा लिया था
हाथ अपना
नीचे से
मेरी जमीं ने भी!!

शोर से भागते हुए लोग

शोर से भागते हुए लोग
आख़िर कहां पहुंचते हैं

भीतर के शोर को कुछ कम करने को
जगहें तलाशते हैं सुकून वाली

और फिर
उन जगहों के सुकून को
न जाने किन किन शोरों से भर देते हैं...

इस बात से अनजान
कि
सन्नाटे और सुकून में फ़र्क होता है
हम,
शोर से भागते भागते
सन्नाटे को चुनते हैं और सहम जाते हैं

रह जाते हैं
बहुत ही दूर
उस सुकून से
जिसकी तलाश में निकले थे कभी

शोर से भागते हुए लोग
आख़िर कहां पहुंचते हैं...

तलाश!

कुछ दिन बीत जाते हैं, बीतने के लिए। हम भी बीत जाते हैं कई दफ़ा...! इस बीतने के बाद कुछ बचा भी रहता है क्या? यदि हाँ तो जो बचा रह जाता है, वह क्या है?

स्याह वक़्त के नोट्स - 9

भीड़ से सने थे बनारस के सारे घाट उस रात। हमें बताया गया कि देव दीपावली बहुत खास होती है यहां की।

शंख ध्वनि का शोर, भव्य आरतियों का प्रकाश, मेले की जगमगाहट के बीच वह व्यक्ति कैसा विरोधाभास गढ़ रहा था।

जीवन इतना ही विरोधाभासी है शायद!!

उसका चेहरा शोर से शून्य था पर कहानियों से रहित नहीं कहा जा सकता था उसे। उसके चेहरे पास कोई प्रकाश नहीं था पर जीवन में हर ओर बिखरे अन्हार पर अपने धुएं से वह मानो अट्टहास कर रहा था।

इस जगमग शोर में उसे किसी से वास्ता न था न देव से, न दीपावली से!

वह व्यक्ति मानो तोड़ रहा था शक्ति की तमाम स्थापनाओं को अपने अकेले एकांत से!!

ओ सुंदर सी नींद!

रात
अब सुबह के बेहद करीब है

पूरे आसमान के नीचे
चुकामुकी बैठी
अधूरी मैं
अपना किस्सा कह देना चाहती हूं

आसमान
जहां रोशनी छिटकने लगी है
मेरे करीब बैठ मेरे आंसू पोंछ रहा है

रोशनी
उतर आई है ज़मीन पर
जीवन जग रहा है
लोगों की शक्ल में

पर मेरे भीतर
जज़्ब है अब भी
अंधेरा
किस्सों के शोर में

मैं फिर से
उस रात का इंतज़ार करूंगी
और आसमां के गले लग कर
अपना किस्सा कह डालूंगी

ओ सुंदर सी नींद!
इंतज़ार कर लेना
तुम तब तक मेरा!

जीवन जना है

बहुत शोर है मेरे भीतर
मैं उकता चुकी हूं इस शोर से

कोशिश करती बहुत हूं
सुनता नहीं है एक भी लफ़्ज़

कोई बुदबुदा रहा है प्रार्थना कोई
कोई कर रहा अपमानित किसी को

कोई झुक चुका है इतना ज्यादा
जाने कौन सी तरक्की की ख्वाहिश में
कोई कनखियों से देख रहा है
उस बेखौफ हंसती स्त्री को

कोई कुतूहल से भरा हुआ है
किसी सीधी तनी आवाज़ को सुन

जो इतना झुका हुआ है
वो कैसे सिखाएगा खड़ा होना किसी को

मैं इन्हें नहीं चीन्हती
पर ये सभी मेरे भीतर उन्माद की हद तक शोर मचा रहे हैं

भय में डूबी
सुन्न सी हो चुकी मैं

निरुद्देश्य सी
दरवाज़ा खोलती हूं
अपनी बालकनी का
मुस्कान तिर आती है मेरी आंखों में
एक कबूतर ने जीवन जना है...!!

रोशनी की ओर!

हम हर वक्त एक यात्रा में होते हैं। यात्रा ज़रूरी है, और साथ ही यह भी ज़रूरी है कि हम अपनी हर यात्रा के साथ अपने भीतर कुछ नया जोड़ते चलें।

मैं तुम्हारे साथ की इस यात्रा को कैसे देखती हूं?

मैं देखती हूं कि एक नदी है जो कल कल कल बहे जा रही है और एक सूरज है जो उस बहाव को आब देता है। कभी वह सूरज किनारे पर आ जाता है और ढेर सारी बतकही करता है।

मैं देखती हूं कि एक ऊंचा सा पहाड़नुमा पेड़ है जो झुका है एक मैरून खिले छोटे से फूल पर। कुछ ऐसे, जैसे चूम रहे हों दोनों एक दूसरे को।

अहंकार और हीनता जैसा कोई भाव नहीं बस सुंदर साहचर्य है इस यात्रा में। साझेदारी है, सपना है, एक छोटा सा कुनबा है जहां सबकुछ कहने सुनने की सलाहियत है, स्नेह और साहस देता साथ है। इस यात्रा में कुछ भी अनकहा नहीं।

उम्र की सीढ़ियां चढ़ते शाम में फ़राज़ और परवीन शाकिर की नज्में हैं, तो किसी धूप सी उजली दोपहर में फैज़ के इंकलाबी गीत भी हैं।

यह यात्रा चलती रहे, यह कुनबा बना रहे।

किसी ख़्वाब से कम नहीं है जीवन!

इबादत के लिए नियत कर दी गई इमारतों के बाहर खड़ी वह जीवन का पर्याय थी! धुंधलका ओढ़े आसमान के नीचे जाने वह किसे ढूंढ रही थी! हो सकता है कोई रास्ता, या कि कोई मंजिल! यह भी तो हो सकता है कि कोई याद जुड़ी हो, जिसकी ओर उसकी निगाहें रुकी हों। क्या पता उसकी तलाश खुद को लेकर ही हो! हरकत करती उसकी नज़रों में कितना सारा जीवन भरा है। है न!

...